Yvette Ostermann

Musique des mots

Impromptu poétique

Musique des mots

Impromptu poétique

Mentions légales

© 2022 Yvette Ostermann

Édition : BoD – Books on Demand, info@bod.fr
Impression : BoD – Books on Demand, In de Tarpen 42, Norderstedt (Allemagne)

Impression à la demande

Illustration : Yvette Ostermann

Dépôt légal : Novembre 2022
ISBN : 978-2-3224-5742-7

Préface

Préface

Jardinage du langage dans la poésie chez une dame âgée de 92 ans.

Yvette « Mamyvette pour les intimes », dame pleine d'énergie, courage, ténacité, obstinée, personnalité atypique, vit seule…

Arrive à ses fins ! …Être éditée.

Troisième recueil « Musique des mots »
Ouvrage de fantaisies et d'amour, tout illustré de sa main d'artiste représentant en grande partie, tous les gestes, émotions et recettes des incontournables d'une vie… poétique.
« En effleurant la vie »

Tellement fière de cette petite Mamyvette à qui j'adresse tous mes compliments, félicitations et toute mon affection.

Votre fille de cœur Josye

Musique des mots

Musique des mots

Il est bon d'entendre la musique
De tous ces mots que tu me dis.
Ce sont des moments magnifiques,
Un prélude au paradis.

Il est bon de sentir tes caresses
Pleines d'amoureuse tendresse.
Le corps qui était assoupi
Soudain, s'éveille, il est ravi.

Il est bon de se noyer
Dans la profondeur de tes yeux.
De se laisser étouffer
Par tes baisers fougueux.

S'aimer et se savoir aimée
Est un si beau présent
Qu'il nous faut remercier
Le ciel encore longtemps.

Korrigans, Elfes et farfadets
Restez dans le jardin magique
Dansez et chantez
Ces rapsodies mélodiques.

Mille et une nuits
Ne me suffiront pas
Pour tarir le puits
De cet amour-là.

Le beau troubadour
A apporté l'amour.
Il est la muse au masculin,
La lumière d'Aladin.

Plumes

Que ne suis-je une plume,
Je volerais au vent !
Et comme de coutume,
Je rêverais aux légendes d'antan,
Aux fées si merveilleuses.
Plumes vraies ou inventées,
Les voici dessinées, coloriées.
Plumes d'oiseau ou bien d'acier,
Sergent-major dans l'encrier,
Missives d'amoureuses,
Lettres d'excuses ou de pardon
Furent toutes écrites avec application.
Les paroles s'envolent,
Les écrits restent.
Dans cette farandole
De mots calligraphiés,
Que de serments ardents
De compliments Galants !

Phanères épistolaires,
Rémiges et pennes,
Servantes du littéraire,
Quelques fois magiciennes
Vous devenez panaches et parures,
Vous ornez ces dames et leurs coiffures.
Vous êtes douceur dans l'oreiller
Et lorsque vous n'êtes que duvet
Vous réchauffez l'être esseulé.
Vous êtes bien belles
Et je vous ai « croquées »
Avec ou sans ocelle,
Unies ou quelques fois tigrées.

Pain Beurré

Il y avait une fois…
Ainsi commencent les jolies histoires.
Petite phrase magique,
Gravée en nos mémoires,
Pour une « Perse Antique »
Les musées, c'est féerique.
Sculptures et mosaïques
Ont passionné les berrichons
Chercheurs de documentations.

Voici qu'un petit creux
Pointe le bout de son nez.
Où pourrait-on prendre une tasse de thé ?
N'y a-t-il point en ces lieux
De quoi calmer notre estomac ?
L'on arpente les rues,
Point de pâtisserie,
Point de cafétéria.
On avise « devinez quoi »

Un « bistrot », oui c'est cela.
De plus et de surcroit
Le voilà Auvergnat.

Serait-il possible d'avoir
Quelques lichouneries ?
Peut-être une tarte aux fruits ?
Mes p'tites dames j'suis bien désolé
Je suis dévalisé,
Je n'ai plus rien à vous offrir
Dit-il d'un éclatant sourire.
Si, peut-être bien
Une baguette de pain
Parisien, comme il se doit
Avec une lichette de beurre.

Goûter de roi
Pour les deux affamées.
Quel délice
Avec une tartine de pain beurré.

La Brocante

Bric-à-brac, vides greniers,
Une mode ces temps derniers,
Chacun fouine dans les tiroirs
Pour ressortir : les vieux miroirs
Poupées d'antan,
Robes démodées,
Chaises et bancs,
Horloges et bougeoirs,
Couverts et accessoires,
Verreries,
Cristallerie,
Argenterie.
Porte-clefs, cartes postales,
Linge de table, vieilles malles
Jonchent les trottoirs.
L'on se bouscule et puis l'on touche
Le sac à main, ou les babouches.
L'on veut tour voir.

Et l'on discute, on veut savoir
Si le trésor est accessible.
Pour l'acquérir, rien d'impossible !
Le chaland espère et ose croire
Qu'il découvrira l'affaire,
Fouille et scrute pour se faire.
Qu'importe la pluie ou le vent
A date fixe, les brocanteurs
S'installent à l'aube le plus souvent.
Parfois, ils se chamaillent,
Cherchent l'endroit idéal
Prennent place et déballent.
La journée est finie.
Boudins et andouillettes,
Frites ou assiettes garnies
Ont apaisé les appétits.
Tout le monde est reparti.
Demain, on fera place nette.

Parachutistes

Vous dans le ciel,
Hommes volants,
Oiseaux sans proie,
Proies des courants.
Maîtres des vents,
Émules d'Icare
Vous évoluez sous nos regards
Parfois d'envie,
Parfois d'effroi.
Il faut franchir le pas,
Le premier pas qui coûte.
Le rêve dans les nuages,
Le vol réalisé.
Disparus les mirages.
Le risque, vous le prenez.
Chute libre,
Chute contrôlée,
Tout votre corps vibre
Dans cette folle équipée.

Paysage

Là-bas, à l'horizon,
Se confondent les lignes
Et se perd la raison.
Quel qu'en soit notre signe,
Nous partons dans le rêve,
Même si sir la grève,
Nous prenons pied sans trêve.

Un roseau,
Un oiseau,
Une poule d'eau,

Le nuage qui flotte
Dans le ciel et sur l'eau,
L'aubépine pâlotte
Ou le joli bouleau.

Paysage de Berry
Notre cœur tu as pris.

Bords de Creuse

Le soleil n'est pas encore levé,
La brume étend son écharpe de vapeur.
Le pêcheur arrive : il est pressé.
L'attirail a été vérifié, révisé pour l'heure.
Tout est prêt pour cet immense bonheur,
D'une journée de pêche à la ligne,
Et de surcroit aux bords de la Creuse.
La campagne est silencieuse.
Les libellules font leurs danses
Et jouent le bal des débutantes.
Une famille canard, barbotte, inquiète
Mais reste malgré tout insouciante.
Le pêcheur scrute son bouchon.
Va-t-il avoir un gardon ?
Une brème ou une ablette ?
Il relance une boulette.
Une poule d'eau sur l'autre rive
Picore et trouve son festin.
Canoës, ou périssoires, glissent dès le matin.
Un sillage trace le chemin.
La rivière est si belle, si tentante.
Nous avons apprécié cette belle journée,
Ce moment de détente.
Nous avons respiré un bol d'oxygène
Nous en avons bien profité
Avec joie et sans aucune gêne.

Le Blanc

Le Blanc est une petite ville,
Propre et nette,
Calme et tranquille.
Jolie et même coquette.
Places et jardins fleuris,
Pas beaucoup d'habitants,
Encore moins d'industries.
Quelques bons artisans,
Quelques métiers d'antan.
Vous trouverez tous les commerces,
Tous les talents s'y exercent.
Un assez vaste hôpital,
Un excellent corps médical.
Géographiquement parlant,
Vous êtes tout près des mille étangs,
Au cœur de la Brenne
À la frontière de la Touraine.
Que vous soyez artistes ou sportifs,
Retraités ou actifs,
Vous goûterez en cette cité,
À mille et une activités ;
Bibliothèque municipale,
Musée ornithologique,
Cours d'anglais ou de musique,
Initiation à l'art floral,

*Les mystères de l'ikebana
Vous y seront tous dévoilés.
Vol à voile, parachutisme,
Gymnastique et sports équestres,
Le tennis et le cyclisme.
Quant au sport pédestre,
C'est un peu le paradis,
Depuis le bois de la Botrie,
Les bords de Creuse jusqu'à Avant
À moins d'aller à Bénavent !!!
Ne parlons pas gastronomie :
Vous auriez bien trop envie
De découvrir à toutes saisons
Les délices de la région.
Bien sûr je plaisantais,
Car je serais vraiment ravie,
Si Le Blanc vous plaisait.
Ce n'est ni Venise, ni Capri…
Je ne vous ai pas tout raconté,
Peut-être même pas la moitié,
Je n'ai pas tout dévoilé.
Je vous laisse le plaisir de voir,
De découvrir venez
Et vous verrez,
Je n'ai pas exagéré.*

Brenne du ciel

La Brenne est une bien jolie région,
Un cercle formé de mille étangs.
On y trouve cistudes et hérons,
Orchidées ou fleurs des champs.
Vue du ciel, c'est un peu différent.
Les cistudes ne sont que pour les piétons,
Les hérons ou les cormorans
Deviennent de petits pions.
Châteaux, garçonnières
Ou rendez-vous de chasse
Nichés près de la rivière
Tel un diamant dans sa châsse,
Cachés des regards indiscrets
Ne peuvent être admirés
Que par vous-, hommes du firmament.
Des éclats de lumière,
Des myriades de scintillements
Se laissent deviner
Au-delà des ombrages
Près des verts pâturages.

A ma jolie Gartempe

Une vie qui s'écoule
Semblable à ma jolie Gartempe
Au pied de ce si beau moulin.
Les rêves qui s'incrustent
Les souvenirs qui se moulent,
Comme de petits lutins
Dans le creux de mes tempes,
Pareils à des mouillettes
Dans un œuf qu'on trempe
Pour une dînette.
Le bonheur se déguste
A sa valeur juste.
Il faut en prendre grand soin
Car il peut prendre fin,
À tout moment
A tout instant.
Sachons le cultiver
Sachons le conserver.

La rose des vents

Comme un souffle fragile, une brise
Sur la rose des vents, elle se pose.
La croix des quatre vents fertilise
Pourvoyeuse des pollens qu'elle dépose.

Si le Noroît parfois tyrannise,
Le Suroît, cet Éole sudiste dose.
Comme un souffle fragile, une brise
Sur la rose des vents se pose.

Rafales et ouragans indisposent,
Mais, dame nature reste insoumise.
Même si parfois elle s'expose,
Comme un souffle fragile, une brise
Sur les ailes des vents, elle se pose.

Le vent

*Sur les ailes du vent,
J'ai caché un baiser,
Témoin de mon amour ardent
Et de mes tendres pensées.

Sur les ailes du vent,
Que deviendra ma tête
Dans toute cette tempête
De promesses, de serments ?

C'est une girouette bicéphale,
Elle tourne dans la rafale
Et crie ces mots d'amour inédits
Écrits seulement pour moi.
Personne ne les a jamais dits,
Inventés, seulement par toi.

Vent de terre ou vent de mer
Emporte mon arbre de vie
Dans cette immense rapsodie
Sur les brisants de l'Auster.*

Les feuilles de mon cœur
Se sont toutes arrachées
Par cet ouragan d'amour partagé.
Dans ce tourbillon de bonheur,
Voguons au gré du vent,
Laissons-nous empoter
Sur les ailes du vent.

Les moustiques

L L'été attire les insectes.
E Et certains sont très piqueurs.
S Sur la nourriture se mettent en quête.

M Moult moustiques ont investi Sarlat la Canéda
O On ne peut éviter ces scélérats.
U Une évidence ; se protéger,
S Si on ne veut pas être dévorés.
T Tous munis de GPS ; nous piquent.
I Impossible de faire un pique-nique.
Q Quelle bataille va-t-on engager ?
U Une guerre est déclarée ;
E Et les moustiques ne vont pas gagner
S Si nous savons nous camoufler.

Sur les ailes du vent

Un doux petit zéphir
A caressé nos lèvres.
Quand chez vous il sera,
Il vous apportera
Les parfums de chez nous.
Cachez le bien, sans trêve,
Tenez-le près de vous,
Nous lui avons confié
De bien tendres pensées.
Veillez à ne point écraser
Tous les petits baisers
Que nous avons cachés.
Cueillez cette amitié
Que l'on vous a donnée.
Laissez-vous emporter
Sur les ailes du vent.
Vivez, dansez, aimez !
Pressez-vous, il est temps !
C'est bien court, une vie…

Une prière, un désir,
Quelques grains de folie,
Mêlés d'éclats de rire…
Peut-on tout retenir ?
Ses rêves et ses désirs ?
Avons-nous tout donné ?
Avons-nous su donner ?
Difficile parcours,
Où parfois l'on voudrait,
A jamais, pour toujours,
Sombrer dans le Léthé.

Le jardin des voix

Le coq chante chez le voisin.
Le jour se lève sous le soleil.
Le jardin magique s'éveille
Dans la symphonie des gazouillis.
La brume de la nuit s'évapore.
Elle laisse place à l'aurore.
Chuchotements discrets,
Portes et volets s'ouvrent.
Lentement, doucement,
La nature se découvre.
Le merle sort de sa cachette.
Le chat s'étire, fait sa toilette.
L'abeille ouvrière butine
La rose, l'acanthe ou bien la capucine.
La fauvette revient d'Afrique Australe,
Sous le couvert des framboisiers s'installe.
Gris souris, plus ou moins olivâtre
Poitrail et ventre blanchâtre.
Son crescendo est admirable,
Ses rapsodies et rythmes inimitables.
C'est le paradis, dans le jardin des voix.

Les poètes fêtent le printemps

*Il faisait très froid, ce n'était pas le printemps.
La neige était tombée, le sol de blanc vêtu
S'était conjugué avec la rivière en crue.
Le cinq mars deux mil six, il y avait longtemps*

*Que l'on n'avait pas vu, un temps aussi méchant.
C'était bien annoncé, nous ne l'avons pas cru,
Personne n'y pensait, c'était inattendu
Une si grande colère de tous les éléments.*

*Les baladins et poètes se sont bien amusés,
Les poèmes et les rimes ils les ont déclamés
Dans le très beau jardin magique de Mamyvette.*

*Les fées, les elfes et les lutins étaient présents
Parmi la gente ailée : le moineau, la fauvette.
Il fallait bien braver, fêter l'événement.*

Rondels et sonnets

Je ne voulais pas être classique,
Je voulais être impressionniste.
Telle une harpiste
Où se mêlent les harmoniques.

Rondels et sonnets bucoliques
Parmi les prés et les forêts, en soliste,
Je ne voulais pas être classique
Je voulais être impressionniste.

Versifier est une musique
Qui dans la tête n'est jamais triste.
Je ne suis qu'instrumentiste
Je ne suis pas académique
Je ne voulais pas être classique.

Aux Délices Poétiques

A n'importe quelle heure
Venez vous restaurer
Vous mangerez léger.
Pas de carte, un seul menu
Juste le choix du chef
C'est le plat du jour
Choisi par le cordon bleu.
Jus de légumes en apéritif,
Juré, sans additif.
Pamplemousse ou melon
Au Pineau arrosés.
Lieu jaune à l'oseille,
Ou merlu au bleu
Truite fumée
Ou limande
Aux amandes
La salade est énigmatique
Aux herbes aromatiques
Les fromages sont en plateau.
Pas souvent de gâteaux,
Mais des crèmes parfumées,
Chocolatées ou vanillées.

Peut-être une tarte aux pommes
A moins d'y déguster
Des mousses de pommes,
De bananes, de kakis
Bon appétit
Et revenez si le pays vous plait
Ce n'est pas un songe.
C'est à l'Enclos des Monges.

Petit escargot

Notre petite Sarah
Aime les escargots
Non pas pour les manger
Comme tout un chacun,
Mais pour les regarder.
Elle va dans le jardin
Et au pied du lilas,
Met dans un petit plat
Sur litière de paille
Sa dernière trouvaille.
Notre petite fille
Caresse la coquille
Du bébé « petit gris »,
Transporte son ami,
Du matin jusqu'au soir.
On le retrouve partout,
Même sur la balançoire
Elle lui dit des mots doux,
Le met dans le creux de sa main.
Puis reste silencieuse,
Les yeux dans le lointain.

Elle attend, malicieuse,
Le tout nouveau départ
De ce gastéropode
Qui se doit, sans retard
Partir aux antipodes.
Force-lui est de partir
Pour pouvoir grandir.
Sarah l'a bien compris
Et tout bas lui a dit :
« Sois prudent, au revoir !
… Et reviens vite me voir. »

Mésange bleue

Ne dit-on pas que je suis charmante ?
C'est aux premiers beaux jours
Qu'à la cime des arbres je me fais aimante.
Mon compagnon s'élance, fou d'amour.
Pour ce vol nuptial ;
Ses ailes bleutées, arrondies en parachute
Lui donne cet air martial,
Afin que je lui cède. C'est le but.
Avec mousse, herbes et crins,
Parfois de la laine, nous nidifions.
Puis nous y déposons nos œufs rouges et bruns.
Après deux semaines d'incubation,
Nos jeunes seront nés,
Qui becs ouverts piaillent :
Insectes, larves ou araignées.
Partirons-nous en migration ?
Resterons-nous dans les roseaux ?
A moins que l'on ne niche
Tout près de vos habitations.
Alors, vous ne serez point chiches
Et saurez mettre à notre portée
Diverses sortes de provisions

Que nous défendrons
Toute calotte hérissée.
Quelques fois erratiques,
Souvent acrobatiques,
Nous sommes le soleil de votre jardin
Lorsque nous chantons au petit matin.

Héron cendré

Un muscle qui se détend,
Un coup de bec violent,
Le poisson est harponné.
Mais par qui direz-vous ?
Par notre pêcheur invétéré,
Le plus célèbre d'entre tous ;
Le héron cendré.
Il ne dédaigne rien,
Accepte le menu fretin,
L'anguille, dure capture !
Et pour se l'avaler !
Ce n'est point une sinécure…
La proie se tortille
Elle sera difficile à ingurgiter.

Avec des brindilles
Le nid sera édifié
A la cime d'un arbre élevée.
En colonies de reproduction
On s'occupe de l'incubation.

On va et vient,
On s'appelle,
Une sauterelle,
Il faut nourrir les bébés.
Dans sept semaines, ils s'envoleront,
Ils deviendront le fleuron
De notre Brenne.

Héron pourpré

Hôte de nos marais et de nos étangs
Envahis par la végétation lacustre,
Notre bel échassier s'active et s'illustre
Comme pêcheur invétéré.
Il apprécie les batraciens,
Ne dédaigne point pour autant le menu fretin.
Il chasse, caché et serein,
Durant de longues heures,
Il guette, immobile dans la végétation aquatique
Sa proie ; il l'attend, il la fleure,
Il reste rarement à découvert ;
Insectes, reptiles crustacés,
Il se sert à la table du festin.
Pour nicher il s'installe en colonie
Au plus épais des roselières,
Future zone nourricière.
Volumineux sera le nid
Pour élever les petits.
Moins haut que le héron cendré,
Il arbore une calotte et une huppe noires.
Son long cou est roux tacheté,
Son ventre et ses ailes gris foncé,

*Ses plumes rousses allongées
Tombent du manteau ardoisé.
D'été est notre visiteur,
D'automne, le migrateur,
De nuit, est voyageur,
Il gagne ainsi le sud de l'Afrique
Au-delà des tropiques.*

Locustelle

Du haut de tes treize centimètres,
Tu surprends tous les observateurs
Ainsi que tous les promeneurs,
Par ta stridulation lancinante ;
Tel le bruit que ferait un insecte.
Deux notes répétées, incessantes
Composant ton chant depuis des lustres.
Tachetée de brun, tu niches près du sol
Dans les zones palustres.
Tu te choisis quelques roselières.
Tu mêles des herbes fines et sèches,
Puis tu disposes cinq ou six œufs rose pâle
Et ce, au joli mois de mai ;
Avec ton conjoint, vous couvez à tour de rôle.
Bientôt les poussins seront nés
Et s'envoleront dans le ciel d'opale.
Au mois de juillet,
Vite une nouvelle couvée.
Et puis, que deviens-tu ?
Où t'envoles-tu ?
Le mois d'Août passé,
Il devient difficile de te trouver.

Ta migration, chaque année tu réitères.
Ta vie secrète reste un mystère.
Tu te moques du protocole,
Tu n'as ni carte, ni boussole
Et tu arrives au Portugal ou au Soudan.
Nous attendons le mois d'avril
Pour écouter à nouveau tes trilles,
Près des buissons de nos jolis étangs.

Mouettes rieuses

Familières de nos étangs,
Vous réapparaissez au début de l'été.
Reconnaissables : plumage blanc,
Bec et pattes rouges, vous pêchez.

Au printemps, vous nichez
En bruyantes colonies.
Vous êtes en majorité
Venues dit-on, de Scandinavie.

Avec votre capuchon chocolat,
Votre dos légèrement gris,
Vous prenez votre nuptial habit.
Puis, dans un important amas
Votre nid, vous construisez.
Nouvelles élues sur nos plans d'eau,
Vous êtes du ciel, un beau cadeau.

L'été

C'est de loin, la saison de toutes recherchée.
C'est le temps des vacances, et des longues journées.
Le soleil grille les peaux, l'ombre est bienfaisante.
Lunettes et chapeaux, ombrelles élégantes...

Fruits glacés et juteux viennent pour nous tenter :
Les pêches, les melons et les jolis brugnons
Arrivent à point nommé, pour tous les assoiffés.
Les oiseaux sont joyeux, sont nés les oisillons.

Méchouis et barbecues s'installent et s'organisent.
On invite les amis, pour pêcher en étang.
On visite « les expos » des rêves se réalisent.
On voyage en famille, ou bien l'on se détend.

Les volets sont mi-clos pour garder la fraîcheur,
Une mouche volette, tournoie et puis se pose
Sur le nez du papy, qui pourtant se repose ;
Un geste de la main, éloigne le gêneur.

Les paupières s'alourdissent et se ferment par instants.
Il fait chaud, il fait lourd et même les enfants
Ont besoin de dormir ; c'est le temps du repos
Sous l'ombre bienfaisante ; on rêve d'un verre d'eau.

Les soirées se prolongent, on dîne dans le jardin,
Les moustiques sont présents, qu'importe on est si bien.
On bavarde et l'on rit, on s'éclabousse d'eau.
On déguste une glace, le ciel est au plus beau.

L'été est arrivé, il faut en profiter ;
C'est court une saison, pas le temps de compter
Qu'arrivent les moissons ; c'est la fin de l'été.
L'automne sera là, les vacances terminées.

Moustique
(Petit chaton)

Au mois d'octobre, je t'ai trouvé
Tel un beau cadeau du ciel
Envoyé par Michel ou Gabriel
Tu es venu, m'as réchauffé.

Perdu, tu errais dans le pré
J'étais marcheur, providentiel
Au mois d'Octobre je t'ai trouvé,
Tel un beau cadeau du ciel

Je t'ai caressé, cajolé,
Fatigué, je t'ai porté, c'était essentiel.
Dans un panier artificiel
Je t'ai couché, t'as ronronné
Au mois d'octobre je t'ai trouvé.

Moustique le mélomane

Moustique est un chat mélomane,
Lorsque maman met une chanson,
Il devient fou, il devient « fan »
Il fait les yeux doux et fait des bonds.

Le chant préféré de Moustique
Serait : « Pour un flirt avec toi »
J'ai essayé d'autres musiques
Seul « Flirt avec toi » est son choix.
Moustique a les yeux du soleil,
Son poil est noir et tout luisant.
Il est unique et sans pareil.
Il est tendre et attachant.

Il est câlin et fait ronron
Pendant des heures sur les genoux.
S'étire un peu, s'en va d'un bond.
Il est mignon, notre minou.

Fleurs

Pourquoi toutes ces fleurs,
Pourquoi tous ces bouquets ?
Peut-être pour les couleurs…

Pour ces rêves d'été,
Que distillent les roses,
Celles à peine écloses,
Celles très parfumées,
Ou bien les épicées.

Les cyclamens ou les violettes,
Les oxalis, les pieds d'alouettes,
Les valérianes,
Les gentianes,
Les géraniums,
Les delphiniums ;
Merveilles de féerie,
Libres ou piégées,
Bien courte est leur vie.
Aussi, pour les garder,
J'ai voulu les « croquer » …

Brin de muguet

*Joli mois de mai
As-tu souvent été chanté !
Et c'est vrai
Que tu es le premier de l'été.
Joli brin de muguet
As-tu souvent été chanté !
Tu as apporté le bonheur
Tu as fait chavirer les cœurs ;
Une, deux, ...treize clochettes,
Vite, il faut faire offrande,
D'amitié, elles sont gourmandes.
N'avons-nous rien oublié
Dans cette panoplie ?
Au petit matin, nous t'aurons cueilli.
Ton parfum exhalé,
Ton message présenté.*

*Joli mois de mai,
Joli brin de muguet,
Faites-nous encore chanter
Faites-nous encore rêver.
Cette liliacée nous confie
« L'an prochain, promis,
Je serai là, je reviendrai
Au premier jour de mai.*

Je renouvellerai mon office,
J'apporterai la chance,
Je me ferai le complice
De toutes nos réjouissances.
Le bonheur est fragile
Comme toutes les fleurs graciles
Il faut savoir le cultiver
Pour pouvoir le garder. »

Lilas bien aimé

Il y a dans mon jardin,
Beaucoup de fleurs parfumées,
Mais il manquait cet arbuste divin :
Un beau lilas.
Sylviane et Rémi
Sont arrivés un beau matin
Les bras chargés,
Qu'ont-ils donc apporté ?
Devinez quoi ?
Un superbe lilas, lilas.
Il règne en maître, il est le roi,
Entouré du forsythia,
De l'oranger du Mexique
A l'ombre bienfaisante du plaqueminier.
A ses pieds, la violette le muguet
Donnent un aspect féerique.

Merci Sylviane merci Rémi,
Vous êtes nos chers amis,
Nous vous portons dans notre cœur
Vous prodiguez le bonheur.

Pivoines à l'osier

Corbeille d'osier,
Corbeille tressée
Joliment travaillée,

Tu accueilles en ton sein
Ce bouquet de pivoines
Court fut leur destin.

Pivoines parfumées,
Fleurs de brève durée,
Prisonnières pour une journée,

Vous nous avez émerveillés
Par vos teintes pastellées
Par votre grâce, votre beauté.

Veuillez me pardonner
De vous avoir coupées
De vous avoir enlacées.

Merci, pour avoir tout donné
Merci d'avoir décoré
Merci d'avoir accepté
De jouer.

Rose à la porcelaine

Porcelaine fragile,
Tu as voulu t'unir
Avec la gypsophile
Pour accueillir,
Un court instant,
La rose et son bouton.
Et sur le napperon
De dentelle d'antan,
Vous étiez pour le plaisir
L'ensemble poétique
Que le peintre a osé reproduire.

Modèle unique,
Porcelaine
Vie incertaine
Rose légère,
Rose éphémère.

La rose est reine

La rose est reine dans le jardin,
Elle décore toutes les allées.
Les abeilles y sont attirées,
De pollen se gorgent en chemin.

Elle offre ses pétales au matin,
Donne même asile aux scarabées.
La rose est reine dans le jardin
Elle décore toutes les allées.

Elle se penche sur le romarin,
Lavande et autres liliacées,
Les oxalis et germandrées.
Elle est superbe dans son écrin,
La rose est reine dans le jardin

Rose

Dans la maison du bonheur,
Était née Iris, première fleur.
Un bouton de Rose vient d'éclore,
Nouvelle joie, nouveau trésor.
En cette mi-septembre,
Tous fruits rentrent en chambre.
Voici le jardin floral
Le plus original.
Les parents sont heureux,
Les grands-parents joyeux.
Avec ces quelques rimes,
Ici, je vous exprime
Toutes mes félicitations,
Toute mon affection.
Je souhaite à petite Rose
Longue vie dans la joie.
Mille baisers que je pose
Avec grand émoi.

Beauté au féminin

B Belles vous l'êtes et toujours chantées
E En vous la grâce et la douceur.
A Alliées à la splendeur.
U Unique et remarquées
T Tant et tant de fois coquettes
E Éclatantes de fraîcheur.

A À la mode, à la mode, toilettes
U Unies ou bariolées...

F Froufroutement et émoustillement
E Élégants et dandys
M Moult poètes vous ont écrit
I Inoubliables, étincelantes, tel l'arbre qui brille
N Nymphes, dryades ou naïades mystérieuses
I Idyllique féminité
N Nul ne l'a jamais contesté.

Le tiroir

J'ai retrouvé dans un tiroir
Quelques photos de mon enfance,
Un nœud papillon de soie noire,
Des bouts de laine et de la ganse.
J'ai bien rêvé sur ces photos,
Elles étaient pâles, un peu jaunies,
Quelques dates écrites au dos,
Une légende, une signature.
Je suis allée à l'aventure
Tout au fond de cette cachette ;
J'ai découvert des allumettes,
Un collier de perles ternies
Des vieux briquets,
Des porte-clefs,
Des cartes à jouer dépareillées
Ainsi qu'une paire de lunettes
Complètement démodées.
Un cahier plein de recettes
Toutes écrites avec application
Flirtait avec excitation
Près d'un menu de gala
Et un programme d'opéra.

Sous une robe de poupée,
Se cachait un coquillage
Ramassé sur le rivage
Lors de vacances à l'Ile de Ré.
Que de souvenirs évoqués,
Que de trésors oubliés,
Que de plaisirs retrouvés
Après bien des années
Tout au fond d'un tiroir.

Le Tricot

*Une maille endroit,
Une maille envers,
Un rang endroit,
Un rang envers.*

*Un point jersey,
Un point ajouré,
Point après point,
Rang après rang,
Lentement, mais sûrement,
Voici enfin l'emmanchure,
Et puis arrivée l'encolure.*

*Combien de points a-t-il fallu,
Comme cela à première vue
Pour composer ce bel ouvrage ?
Je n'ai jamais compté,
Cela parait plus sage.*

De toutes les façons,
On ne compte pas l'amour,
Il n'y a pas de cote en bourse,
Personne ne peut dicter le cours,
Personne ne peut tarir la source.

Aussi, lorsque vous porterez
Le pull ou le cardigan
L'écharpe ou la paire de gants,
Vous serez belles ou beaux,
Vous serez bien au chaud.

J'espère ainsi vous protéger,
Non seulement des intempéries,
Mais de tous les maléfices,
Grâce à l'amour que j'y ai mis,
En torsade de malice,
En jacquard de tendresse,
En filigrane et en tresse,
J'ai tissé ces pétales d'amour.

Idylle d'une barque

C'étaient les derniers flocons,
C'étaient les derniers glaçons,
Une barque de pêcheur,
Maudissait le fort courant
Qui la faisait balançant.

Elle rêvait de jours meilleurs
De romantiques promenades
De soleil et de glissades.
Elle se laissa même emporter
Par d'amoureuses pensées,
Et fût prise par mégarde
Dans un étrange tourbillon
De frissons et de passion.
Et de flocons, en flocons,
Baisers mouillés,
Baisers cachés,
Elle s'éveilla de blanc vêtue,
Ses flancs dans la glace retenus.
Si belle était la neige
Qu'elle s'abandonna sans méfiance.
Cruel fut le piège
Et plus dure la souffrance.

*Le peintre était présent
A cet envoûtement.
Pour déjouer le sortilège,
Par aquarelle interposée
Et douces teintes étirées,
Il immortalisa Dame Neige.*

Mal de tête

*Il peut arriver brusquement
Ou bien progressivement,
Après une nuit sans sommeil,
Ou un mauvais réveil.
Lorsqu'il est installé,
Tout bruit semble amplifié ;
Les jappements des chiens
Tout au fond du jardin,
La radio du voisin
Ou les rires des gamins.
Une porte qui se ferme
Semble porte claquée,
La mouche qui d'habitude
Se fait silencieuse
Met ses moteurs à fond
Et imite le bourdon.
La douleur est insidieuse,
Tous les remèdes sont employés ;
Poudre ou comprimés,
Tisanes analgésiques
Et même soporifiques.*

*Il est parti,
Comme il était venu.*

*Les chiens se sont tous endormis,
Le voisin a éteint sa radio,
Les gamins s'en sont allés ;
Toutes les portes sont fermées.*

On entendrait une mouche voler

Nouvelle thérapie

Pas de laboratoire,
Pas de remboursement,
Ni même de pharmacien.
Il faut un peu d'espoir,
Être un peu magicien,
Et quelqu'égarement.
Prenez quelques grains de folie
Que vous faites germer,
Quelques lettres d'amis
Que vous dégusterez,
Quelques tendres pensées
Que vous vous octroierez.
Gardez la solution
A l'abri du grand air
Et de la grande lumière.
Vous prendrez la potion
Aux heures qu'il vous plaira,
Mais n'en n'abusez pas ;
Comme tout médicament,
Se prend modérément.
En homéopathie,
Peut se prendre à vie
Pourvu qu'il soit caché
Des regards indiscrets.

*Il faudrait éviter
De faire certains excès,
Si par inadvertance,
Vous êtes emportés
Par quelque extravagance,
Prenez vite une dose
Et après une pause,
Et pour de longues heures
Vous sentirez planer
Sur le cœur apaisé,
L'ineffable bonheur
Des âmes envolées.*

Vacances à la carte

Certains vont en Polynésie,
D'autres en Océanie.
Amateurs de chaleur,
Vont sur l'Adriatique.
Recherche de bonheur,
Croisière en mer Égée,
Guadeloupe ou Martinique,
Souvenirs féeriques.
J'étais auprès de vous,
Lors de vos épopées ;
Confortablement installée,
Atlas sur les genoux,
J'ai voyagé partout.
J'ai visité Moscou,
Séjourné à Madagascar,
Rêvé aux Baléares.
Nulle attente aux frontières,
Pas de fuseau horaire,
Arrêt quand il vous plaît.
J'ai bu du bon café
Sur les plateaux de Colombie,
J'ai dégusté en Italie

Les meilleurs macaronis.
J'ai rapporté de la vanille
Que j'ai acheté aux Antilles.
J'ai admiré le Cattleya,
J'ai vu de près le Boswalia.
Je ne me suis pas fatiguée,
Je n'ai pas été vaccinée,
J'ai évité les attentats,
Les scorpions et les boas.
Vous pouvez toujours essayer,
C'est une très bonne idée.

Vague à l'âme

*Il me semblerait bon
De pouvoir te parler.
Il me semblerait bon
De tout te raconter.
Le passé, chargé de souvenirs,
Le présent, l'attente et toi enfin.
Le futur et qui sait, l'avenir
Ou peut-être bien un départ
Vers un incertain...
J'ai tant à partager
D'amour et de tendresse,
Tout ce que mon cœur veut donner
Avec fougue ou délicatesse...
De l'aube au crépuscule,
Ma plume court et écrit
En majuscule, en minuscule
Des mots qui voudraient être dits.
Seigneur, m'aideras-tu encore ?
Que vais-je devenir ?
Je t'expose mes désirs
Et te supplie, très fort
D'exhausser tous mes vœux,*

Bien sûr, si tu le veux.
Je vais déjà te remercier
Pour ce que tu m'as donné.
L'écume de mon âme
A embué mes yeux,
J'ai honte et je le clame
D'avoir douté des Cieux.
L'avenir, c'est demain.
Vivons le temps présent ;
Prends-moi par la main
En jouant de l'instant.

Notre dame de Jovard

Chapelle perdue dans la campagne,
Vestige de la culture Romane,
Tu attires en ton sein,
De nombreux pèlerins.

Notre Dame des sept douleurs,
Tu es priée et implorée.
On te supplie d'apaiser les cœurs.
Des ex-voto te sont donnés.

Ta légende est merveilleuse
Et ton histoire si mystérieuse,
Dans un passé aussi cruel
Que l'on te prie, âme immortelle.

Avec dévotion et grande foi,
Le chemin de tes sept croix
Est suivi par bien des enfants
Et par de nombreux croyants.

*Notre Dame de Jovard, puisses-tu
Continuer à protéger tes petits,
Ceux qui jamais ne t'oublient,
Et qui t'associent à Jésus.*

*Pardonne la méchanceté,
Pardonne la cruauté
Accepte les dons d'amour
De ceux qui crient « secours »*

*Merci pour tout,
Merci d'être partout.*

« *Mouvement chrétien des retraités vie montante* »

Le Mouvement Chrétien des retraités,
C'est tout d'abord des liens d'amitié.
C'est un espace dans le temps
Favorable et ensoleillé
Où le plus important
Est et reste la solidarité.
C'est retrouver et approfondir sa foi,
C'est redécouvrir une église vivante.
Comme notre vie montante,
On sympathise on se côtoie.
On est mémoire du passé.
On se veut utiles et engagés.
Les plus jeunes apportent leur dynamisme,
Les plus âgés nous portent par la prière.
Ensemble nous retrouvons l'optimisme.
Seigneur, tu es notre lumière,
Tu nous guides vers le rire et l'espoir
Pour changer nos cœurs,
Pour réapprendre à croire.

Pour aimer la vie avec ses peurs,
Avec ses croix,
Avec ses joies.
Le Mouvement donne des couleurs
A cet automne de la vie.
La table est partagée
En frères et en amis
Dans la confiance
Et dans l'espérance.

Archanges

Gabriel, Michel et Raphaël,
Vous êtes les Archanges
Tant recherchés,
Tant demandés,
Tant priés.
Vous apportez la paix,
Vous donnez la guérison
A notre corps défait.
Vous chassez le poison
Qui encombre nos âmes.
Dans le sourire ou dans les larmes,
Nous vous prions sans fin
De nous apporter le secours Divin ;
Merci pour votre soutien.
Avons-nous su vous entendre ?
Avons-nous su vous comprendre ?
Nous avons confiance,
Vous êtes notre espérance.

Malgré notre indignité,
Malgré nos infidélités,
Écoutez-nous,
Entendez-nous,
Exaucez-nous.
Nous vous disons merci
Et c'est pour la vie.

Jésus sauveur

Jésus est venu, envoyé par dieu.
Il vient pour nous sauver,
Il vient nous pardonner.
Jésus berger, Jésus gardien,
Tu montres le chemin
De toute vérité.
Alléluia, Alléluia, tu es mon Dieu.
Alléluia, Alléluia, tu es sauveur,
Tu es bonheur,
Tu es sauveur.
Jésus nous connaît, il sait tout de nous.
Il donne son amour,
Il tient à notre amour.
Jésus Messie, Jésus agneau
Tu nous donnes ta vie,
Tu nous en fait cadeau.
Alléluia, Alléluia, tu es mon Dieu,
Alléluia, Alléluia, tu es sauveur,
Tu es bonheur,
Tu es sauveur.

Jésus qui est dans les Cieux, auprès de Dieu
Garde-nous dans la foi,
Garde-nous près de toi.
Jésus vivant, Jésus aiment
Tu es pour nous le pain,
Tu es pour nous le vin.
Alléluia, Alléluia, tu es mon Dieu,
Alléluia, Alléluia, tu es Sauveur,
Tu es bonheur,
Tu es Sauveur.

« *Jésus Sauveur* »
Texte et musique composés par Yvette Ostermann
Illustration (original manuscrit de la partion chant)
Yvette Ostermann a été Organiste 15ans à Saint Génitour du Blanc

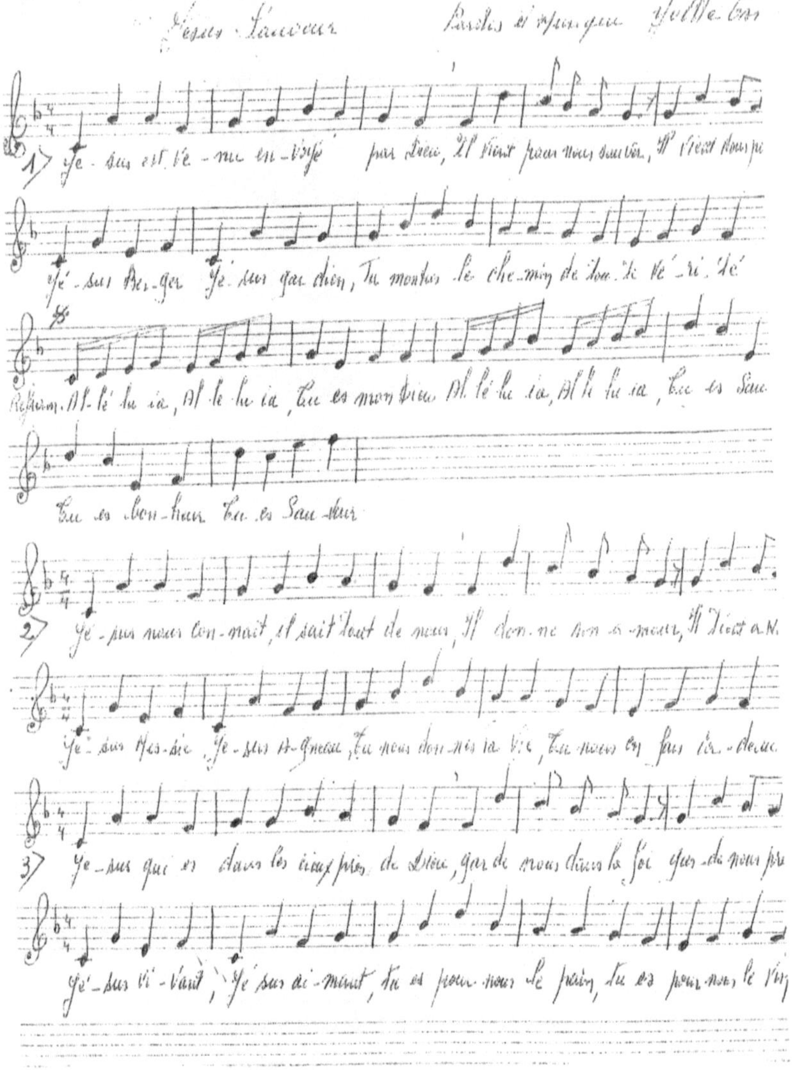

La coupe du bonheur

Refrain :
C'est la joie,
Dans nos cœurs.
C'est la joie,
Le bonheur :
Car l'amour nous parcourt
Nous transforme
Et nous façonne

Les roses du jardin
Se sont parées d'argent,
Quel est donc ce destin
Qui nous tend ce présent ?
La coupe de rosée
Pour nos lèvres assoiffées,
Les parfums enivrants
Pour des êtres s'aimant. Refrain

Le jardin est magique,
Les allées féeriques,
Pâquerettes et violettes
Sont complices et secrètes.
Le ciel est sans nuage,
Le soleil se partage.
Le feu est dans les corps
Pour ce nouveau trésor. Refrain

« *La coupe du bonheur* »
Texte et musique composés par Yvette Ostermann
Illustration (original manuscrit de la partion chant)
Yvette Ostermann a été Organiste 15ans à Saint Génitour du Blanc

Flacon magique

C'est le plus beau flacon
Trouvé dans la maison.
Dedans sont entassés,
Mêlés, entremêlés,
Les parfums et les rires,
Les paroles et les sons,
Les baisers, les sourires
De mes tous chéris.
Lorsque vient le frisson,
Quand l'angoisse m'étreint,
Alors, comme par magie,
J'ôte avec précautions,
Le joli capuchon
Pour laisser s'échapper
Ce mélange d'amour,
Que plus rien ne retient.
Parfums, sons et baisers
Viennent auprès de moi.
Tendresse et confidences,
Amour et doux émoi.
Le cœur est réchauffé
De se savoir aimé.

Et avec impatience
J'attends votre retour,
D'ici à quelques jours ;
Pour faire provision
De toute cette énergie
Nécessaire à ma vie.
J'emplirai le flacon.
Ainsi à ma façon ;
Vous êtes à mes côtés ;
Tout du moins en pensées.
Vous avez accepté
D'être ainsi enfermés,
Grâce à vous, j'ai rêvé,
Merci d'avoir joué.

Conditionnel

Lorsque j'étais enfant,
Je voulais être musicienne ;
J'ai goûté au violon, au piano et au chant,
Mais ne suis pas musicienne.

J'aurais aimé être « petit rat »
Faire carrière à l'opéra ; J'ai fait quelqu'entrechats,
Sissones et sauts de chats,
Mais ne suis pas danseuse,
Je ne suis que rêveuse.

Enseigner aux petits,
Leur apprendre à lire et à compter,
L'histoire et la géographie,
Le bien du mal à discerner,
Voilà ce que j'aurais aimé,
Mais ne suis pas enseignante,
Je suis même ignorante.

Fleurs, feuilles et plantes
Pharmacie du Bon Dieu,
Médecine riante,
Pharmacie en tous lieux
J'aurais aimé mieux vous dompter

Vous dominer,
Vous exploiter
Et surtout mieux vous aimer,
Je ne suis pas herboriste,
Je ne suis pas botaniste.

Si j'avais eu le temps,
J'aurais aimé jouer avec mes enfants,
Le travail commandait,
Le temps des jeux est passé.
Si j'avais le pouvoir,
Il y aurait la paix chez les noirs,
La paix au Liban,
Et en Afghanistan.
Mais je ne peux que prier.

Si j'avais pu donner,
Si j'avais pu tout faire,
S'il me restait du temps,
Mais la vie
Qui s'enfuit.
Je n'aurai pas donné,
Je n'aurai rien pu faire,
Je n'ai pas eu le temps
Et la vie
Est finie.

Aux portes du rêve

Confiant,
Aimant,
Souriant,
Loin de toute inquiétude,
Ses longs cils baissés,
Il sommeille, reposé.
Il a la certitude
D'être un enfant chéri,
Et sa mère attendrie
A saisi cet instant ;
Son enfant,
Pour toujours.

Le saint valentin

Fête des amoureux,
Fête des gens heureux.
C'est le jour béni
Des cartes fleuries.
Elles sont envoyées
Avec amitié et amour
A chacun,
A chacune.
Jolis mots de toujours,
Y sont entremêlés
Pour chacun,
Pour chacune.
C'est une très grande joie,
C'est un bien doux émoi,
Que d'avoir au courrier
Ce gentil messager.

D'autres sont plus heureux,
Car ils sont réunis,
Ou sont toujours unis,
Et depuis des années
Se conjuguent à deux ;
Je t'aime
Tu m'aimes ?
Quelques mots de tendresse
Un geste, une caresse,
Un regard, un baiser,
La vie est transformée.
Il nous faut continuer
D'honorer Valentin
Pour être la Valentine,
De notre Valentin.

Bouquet d'amitié

Des mains pleines de délicatesse,
Ont rassemblé avec adresse
Un bouquet de fleurs d'été ;
Un témoignage d'amitié.
L'aspérule toute odorante,
La pervenche et puis la menthe,
La sauge ou la scabieuse
Vivantes preuves joyeuses
Aux camaïeux de bleu,
Merveilles créations de Dieu ;
Se sont groupées et assemblées
Pour apporter cette gaité,
Ce décor simple et champêtre.
Comme il est bon de voir naître,
Grandir et magnifier
Ce que Dame Nature,
A voulu nous donner.
Comme votre cœur est chaleureux !
Votre amitié, un bien précieux !
Toutes ces attentions,
Toutes ces émotions,
M'ont inspiré ces quelques vers
Que j'aimerais encore plus beaux
Pour vous dire merci
A vous grande amie.

L'amitié

Fraternité et amitié
Ce ne sont que deux mots,
Qui, main dans la main
Parcourent les chemins ;
Bras dessus, bras dessous.
Ils habitent nos cœurs.
Apportent le bonheur.
Même quand ils discutent,
Parfois, ils se disputent ;
Ce n'est que pour cacher
Cette grande amitié,
Cette fraternité.
Mais, ils m'ont embarquée,
J'ai perdu mon sujet.
Tel en est le destin.
Pourquoi, je ne sais pas,
Mais j'ai le sentiment
Qu'on a guidé nos pas
Dans un jardin secret,
Où toutes les allées
Sont bordées de pensées
Nobles et parfumées
Prodiguant à chacun
Son bouquet d'amitié.

Les noces d'amitié

*Il est de bon ton
De fêter les noces de coton,
De bronze ou d'argent,
Noces d'or, de diamant.
Pourquoi ne pas fêter
Les noces d'amitié ?
Il me semblerait bon
D'inventer une chanson
Pour glorifier,
Si besoin est,
Ce pacte, qu'est l'amitié.
Ils sont rares les amis,
Mais il faut bien le dire,
Ils partagent les rires,
Les peines et les soucis.
Sont présents aux baptêmes,
Sont parrains ou marraines.
Donnent conseils et opinions,
Sont souvent confidents ;
Assistent aux communions,
Sont de toutes les fêtes,
Parfois même des tempêtes.
Ils sont toujours présents,
En tous lieux, en tout temps.
Oui, vraiment,
Ne le croyez-vous pas
Qu'il faut fêter cela.*

Jeune et jolie maman

*Pas plus haut que trois pommes,
Mais le cœur bien en forme,
Je te surveille, maman.
Et je sais très bien à quel moment
Tu deviens fatiguée.
Plus question de faire le câlin,
Tu es trop énervée.
Depuis tôt, ce matin
Tu t'es mise à l'ouvrage ;
Déjà fait le repassage,
Biberons préparés,
Petits pots sélectionnés.
Je sens ton angoisse grandir
Car il te faut m'abandonner
Dans les mains de la nourrice ;
Pour le travail, tu dois partir
Et laisser ainsi ton gentil bébé.
Tes yeux s'embuent,
Tes bras me serrent
Toi, si protectrice,
Te voici déchirée.*

Sois tranquille, jolie maman
Je serai sage
Comme une image,
J'attendrai cet instant
Où nous nous retrouverons.
Tu me prendras à ton cou
Nous nous embrasserons
Encore, encore, beaucoup de bisous

Oh ! que je t'aime.

Maman chérie

Oh ! ma maman chérie
Je suis tellement petit
Pour te dire ma tendresse
Pour te dire mon amour !

Lorsque tu me caresses,
Lorsque tu me dorlotes,
Seules mes deux menottes
Peuvent te remercier
D'avoir donné le jour
A ce petit bébé.

Maman

Je n'ai jamais rien dit,
Je t'ai jamais écrit.
En songe, cette nuit
Je t'ai vue.
En songe, cette nuit
Tu es venue.
J'ai entendu ta voix.
Aussi, j'ai pris sur moi,
Même si je crains
De diriger mes pas
Vers cet incertain
D'où l'on ne revient pas.
Je suis allée te voir.

Mais si, il faut me croire.

J'ai déposé une rose
Là, où tu reposes.

Ma maman

*Cette vie que tu as donnée
Parfois dans la souffrance,
Tu l'as veillée et surveillée
Tout au long de l'enfance.
Combien de fois, t'es-tu levée
En pleine nuit, pour rassurer
L'enfant en pleurs ?
Combien de fois as-tu calmé
Ses grandes peurs ?
Te souviens-tu de ces fessées
Et punitions administrées ?
Il faut le dire bien méritées.*

*Maman, tu as mis tes petits
Sur une piste d'envol,
Ils ont pris le chemin de l'école
Premier départ.
Beaucoup plus tard,
Ils sont partis,
En justes noces ont convolé,
Le cœur tout serré,
Tu as vu la maison se vider.*

*Personne ne s'est perdu
Ils sont même revenus*

Avec des bébés, des landaus,
Des sucettes, des p'tits pots.
T'as pas connu tout ce progrès,
La purée, tu la faisais.
La lessive, tu connaissais.

As-tu jamais compté
Toutes ces heures passées
A ravauder, à cuisiner,
A cajoler, à calmer ?
En as-tu eu des soucis !

Il faut te dire un grand merci
Pour ce que tu as fait
Pour l'exemple que tu as été.
Dans ce jardin d'amour,
Nous avons vu le jour.
Nous avons cueilli ta tendresse,
Nous avons pris ta jeunesse.
Aussi, dans la vieillesse,
Avec maladresse,
Nous osons proclamer
Dans ce petit poème ;

Maman, on t'aime

Toutes les mamans

Voici de retour, la fête des mamans,
Profitons de ce doux instant
Pour vous apporter le témoignage
De cet amour toujours présent.
Pour vous dire : « je t'aime »
Il n'y a pas d'âge.

Maman, tu as tout donné.
Maintenant que la maison s'est vidée,
Ouf ! tu peux te consacrer
À tes sports préférés :
Mots croisés,
Mots fléchés
Télé ;
Sans pour autant oublier
De réunir ta nichée
Autour de tes mets cuisinés.
Avec intelligence et sourire
Tu sais toujours accueillir,
Héberger et aider.

Puisse le Seigneur

*Te protéger encore longtemps
Afin que tes enfants
Te donnent le bonheur
Que tu as mérité
Avec leurs tendres baisers.*

Grand' mamie

Elles ont évolué, les grands-mères.
Elles sont habillées en clair,
Sont jeunes de caractère
Font du sport et vont danser.
Dans leur cœur, rien de changé,
Elles sont toujours
Débordantes d'amour
Pour leurs « bouts de choux, » leurs chéris.
Elles sont « mamans gâteaux »
Sont confidentes, sont amies.
Elles savent conter des histoires,
Chanter, faire de la balançoire.
N'oublient jamais les jolis cadeaux
En toutes occasions :
Étrennes, fêtes, anniversaires.
Chez mamie, on n'est jamais puni…

On est complices dans le secret.
Désobéir ? on peut, on se permet
Mais, juste un peu, pour la faire enrager.
Elles nous parlent de leur enfance,
Ce que fut leur adolescence,
Les guerres, les privations,
Les réalités de la vie.
Elles sont gaies,
Irremplaçables nos mamies
C'est leur fête,
On les aime sans restriction.

Une petite mémé

Légère comme un zéphyr,
Un toucher de satin,
Un tout petit sourire,
Un regard lointain.
Lointain, oui, il le fut,
Quelles années elle connut,
Pensez, presque cent ans,
Enfin, pas tout à fait,
Juste quatre-vingt-dix ans.
On dirait une petite poupée,
Aux pommettes rosées,
Tout de rose vêtue ;
Bien calée dans son lit.
En pensées, elle revit
Tout ce que fut sa vie.
Il ne lui reste rien
Que ce souffle de vie,
Car elle ne verra plus,
Ni le ciel, ni la terre ;
Tout a disparu
A jamais de sa vue.
Pourquoi, tant d'injustices
Sur cette maudite terre ?
Jolie poupée cassée,
Un peu abandonnée,

Car le monde est pressé,
Car le monde est soucis,
Car le monde est ingrat.
Elle a joué dans les prés,
Elle a dansé
Dans les belles années,
Elle a été agile,
Elle avait tous les éclats
De ces fleurs graciles
Que l'on trouve à l'orée du bois :
Jacinthes, coucous, lilas,
Jamais plus ne cueillera.

Jamais plus ne reverra.
Pourquoi finir ainsi ?
Pourquoi ces sinistres ténèbres ?
Est-ce pour préparer
La réception finale ?
Est-ce pour lui donner
Le désir d'en finir ?
Ou bien pour la punir ?
Mais de quoi ?
Mais de quoi ?
Soit, la vie est éphémère ;
On nait et puis l'on meurt.
Elle a eu du bonheur,
D'autres n'en n'ont pas eu.

Mais si bonheur il y eut,
Pourquoi cette misère
A la fin du parcours ?
Quelle désolation !
Et quelle humiliation !
La révolte gronde en mon cœur ;
Contre qui ? contre quoi ?
Puisque les lignes sont tracées
Contre vents et marées.
Pourquoi lutter,
Pourquoi se battre ?
Ce soir, oui, je l'avoue
Un méchant nœud
S'est fait, et il est bien serré.
Amertume à son goût
Tristesse a son parfum.
Car je ne peux rien...
Si, peut-être bien !
Jolie petite mémé,
Petite rose fanée
Pardonne à ta nouvelle amie
De n'apporter à ta vie
Qu'un bouquet d'amitiés.

Les vieux

On ne dit plus les vieux,
On dit le troisième âge.
On ne pense plus aux vieux,
Car ils sont bien trop sages.
On n'écoute plus les vieux,
Car ils sont vérité.
On les dit même « gâteux »
Pour s'en débarrasser.
On ne voit plus les vieux,
On préfère les vacances.
On abandonne les vieux
Tout pétris de souffrances.
On n'aime plus les vieux
Puisqu'ils ont tout donné ;
Qu'ils aillent sous d'autres cieux.
Ici, ils vont gêner.
Ils vont partir les vieux,
Ont-ils travaillé dure !

Ils sont partis les vieux,
Personne n'en n'a cure.

Merci

Nous te louons Marie
Mère de Jésus Christ.
Nous te louons Seigneur
Pour ces quelques heures
Que nous avons passé
Dans cette franche amitié
Au Mouvement Chrétien des Retraités.
Nous avons voulu clamer
Ces merveilleux cantiques,
Ces refrains mélodiques
Que tes œuvres sont belles !

Tu sais nous consoler,
Tu nous as tout donné.
Donne-nous le pouvoir
D'entendre ton appel,
Donne-nous le savoir
Pour t'aimer sans compter.
Dieu d'infinie bonté,
Puissions-nous nous aimer
Nous tous, frères chéris !

À mon papa

Tu es celui que je chéris
Toi, mon gentil papa.
A-t-on quelques soucis,
Tu es là ;
Ton cœur est débordant
D'amitié et d'amour,
Pour tes amis et tes enfants.
Pas besoin de discours,
Un appel, une larme,
Tu arrives et tu calmes.

Jardiner est ta passion.
Tu bines avec précision.
Tu laboures, plantes et bichonnes.
Tu auscultes et ordonnes.

Tu t'octroies une récréation
Et flâne par quatre chemins,
Un bâton dans la main.
Vogue, vogue ton imagination…

Quelle histoire vas-tu nous inventer ?
C'est là, bien sûr, ta malice,
C'est même ton petit vice.
Déjà tu ris
De la plaisanterie
Que tu vas nous raconter.
Maman va s'énerver.
Les gamins sont heureux,
Le bonheur est dans leurs yeux.

Papa

*Il faudrait bien plus de lettres
Pour graver toute cette tempête
De mots d'amour et de tendresse
Qui se bousculent sans cesse.*

*Tu sais, petit papa,
Tu es le havre de paix ;
Et lorsqu'on est dans tes bras
Plus de soucis on ne se fait.*

*Tu es l'ami, le confident,
On s'avoue mille secrets
Chuchotements discrets :
« Tu ne diras rien à maman ».*

*Tu es le complice
De tant de jeux et de malice…
Une envie, un caprice,
Pas besoin de notice,
Vers toi l'on court
Et sans nul détour
On demande tout sourire
L'objet de nos désirs.*

S'il fallait la lune décrocher,
A l'échelle tu grimperais,
Ton cœur est tellement grand.
S'il te fallait conquérir le monde,
Alors, tu partirais sans perdre
Une seconde.

Ton amour est si puissant,
Papa, papy, Pépé,
Tu en as pris des galons
Au fil des années.
Tu t'en es imaginé des noms !
Papa, Papy, Pépé
Boum papa, fut inventé
Certains furent baptisés « Papou »
A-t-on besoin de vous rappeler
Que notre amour vous est acquis
Et c'est pour la vie.

Près de toi

Que penses-u de moi ?
Car, il y a quelques mois,
J'avais fait le serment,
De t'écrire très souvent.
Puis les jours ont passé,
Et je n'ai pas osé.
J'ai fait quelques essais,
Et j'ai tout déchiré.
Là, où tu reposes,
Je ne vais pas te voir,
Je n'apporte ni tulipes, ni roses.
Je pleure ton absence.
Pourtant, tu peux me croire,
A toi, toujours je pense
Je trouve tous les prétextes,
Pour te mettre en vedette.
Papa faisait cela, Papa aimait cela !
Papa aimait ce plat !
Un film sur la guerre,
Un bon documentaire,
L'aventure en images,
Au détour d'une page,

Et toutes mes pensées
Ont pris leur envolée,
Et vers toi sont parties.
Même si je n'ai pas écrit,
Je sais, non, je veux croire,
Que tu es là, tout près,
Dans ce coin de ciel bleu,
Bleu, comme tes yeux.
Il m'arrive de toucher,
Ta joue, sur la photo,
Je te trouve si beau.
Je reviendrai, promis,
Seulement, je t'en supplie,
Aide-moi !
Aide-moi !
A survivre et à vivre
Ou alors à mourir

Lettre à l'au-delà

Je sais que t'es parti
Et pourtant, je t'écris
Je voudrais tant te voir ;
Et parler tout un soir.

Tu sais petit papa
Même quand tu n'es pas là,
Nous veillons sur maman,
En tous lieux, en tout temps.

Je sais que tu surveilles
Et que partout tu veilles.
Comme j'aimerais t'embrasser,
Comme par le passé.

Tu disais « Ma Zizou »
Mais que c'était donc doux,
De se pelotonner
Dans les bras de pépé.
Oh ! combien j'y repense
A mon adolescence,
A ce très beau moulin
Dans notre Limousin.

Est-ce que tu rappelles
Mon tout petit poussin ?
Et cette fin cruelle
Et mon si grand chagrin ?

Ce n'est pas très censé ;
Ce qu'aujourd'hui, je fais.
Mais les mots m'ont porté,
Vers toi et le passé.

Demain, je reviendrai,
Je te raconterai
Notre vie, chaque jour,
Notre vie sans détour.

Impossible de lire
Ces mots à haute voix,
Car mes cils se noient
Et ma gore se déchire.
Cette douleur est ancrée,
Au plus profond de moi ;
Mon cœur est déchiré
Lorsque je pense à toi.

Je te l'avais promis,
Me voici près de toi,
Je vole vers ton esprit,
Dans un très grand émoi.

Je vais faire, comme avant,
Je vais te raconter,
Ce qu'a fait notre chien,
Enfin des petits rien.

Sandrine n'est pas très bien,
Hélène m'a écrit,
M'a fait de beaux dessins,
Quant à Sarah, elle rit.

Et voici de retour,
La fête des papas,
Avec tout mon amour,
Seulement, tu n'es pas là.

Reçois ces quelques vers,
A défaut de baisers,
Surveille l'univers
Et ramènes la paix

Garde-nous une place
Car bientôt, nous viendrons
Dans cet état de grâce
Toujours à l'unissons.

Jamais je ne t'oublierai,
Oh ! mon gentil papy,
Je t'aime et tu le sais.
Pour toujours, pour la vie.

La famille

Une cellule s'est formée
Deux corps, deux âmes liés.
Le cercle s'est agrandi,
Sont arrivés les petits.
Promesse et fidélité
Aide et assistance,
Aimer pour exister,
Aimer dans la confiance.

Tout partager avec l'aimé,
Ses joies et ses tourments.
Prendre le temps d'écouter
Le partenaire et les enfants.

Ne pas craindre les concessions,
Il n'y a pas d'humiliation.
Oser les discussions
Sans trop d'excitation.

Laisser passer les orages
Pardonner dans la paix du langage.
Essayer de comprendre,
Savoir calmer et attendre.

Donner tous les instants de sa vie,
Avec amour et énergie.
Chercher toujours à faire plaisir
Avec des petits riens qui font rire,
Dans la lumière et la joie,
Dans la clarté et la foi.

La sagesse

Connaissance juste des choses,
Naturelle ou acquise
Trouve-t-on dans les dictionnaires.
La sagesse est un bien nécessaire ;
La racine est séculaire.
« J'ai tout tenté pour l'acquérir
Nous dit Moïse »
Lorsqu'il partit s'instruire
Chez les Égyptiens.
Nombreux sont les auteurs
Qui ont cherché les liens
Qui unissent la qualité
A la prudence et à l'habileté.
La sagesse est l'un des sept dons
De l'Esprit consolateur.
Loué soit le Seigneur
Qui dans sa grande bonté
A gratifié quelques élus de cette raison,
De cette éternelle lumière.
Gloire à notre Père.
Sagesse, science du bonheur,
Une once de sagesse

A chacun dans son cœur
Et toutes les guerres cessent,
Et partout le bonheur.
Semons l'arbre de la sagesse
Et nous récolterons avec délicatesse
Les douze fruits du Saint-Esprit,
Si avec beaucoup de sagesse
Nous avons su y mettre de l'esprit.

Deux lions

Je vous aime mon gentil lion.
Tout mon amour est un don ;
Qu'un jour, je vous fis
Pour avoir été gentil.

Est-il possible d'aimer ainsi ?
Je vous aime mon chéri.
Mais, je voudrais pourtant
Que vous m'aimiez autant.

J'ose vous demander…
D'un peu me câliner,
Soyez très doux
Comme je le suis pour vous.

Je ne pourrai jamais
Assez vous exprimer
L'amour que j'ai pour vous,
Mon cher et tendre époux.

Ta petite femme qui t'aime
Qui t'embrasse, qui t'adore
Chéri, chéri, je t'aime.

Mon rêve

Je penserai longtemps
A ce beau samedi
Lendemain de printemps
Où il m'a tant souri.
Au loin, à l'horizon
Des éclats lumineux
Projetaient sur son front
Quelques reflets soyeux.
Nous étions bien ainsi
Dans un jardin privé
Sous des arbres fleuris.
« Il me tenait serrée »
Les fleurs s'épanouissaient,
Les oiseaux se taisaient,
Un frisson me troublait.
Mon rêve se réalisait.

L'attente

Je suis là, assise à t'attendre.
Pourquoi ? Ayant tellement d'ouvrage ?
Je ne sais pas, mais je n'ai nul courage.
Pourrais-tu me comprendre ?

Dix-neuf heures. Quel silence !
Je suis désemparée, peureuse.
Pourquoi cette si longue absence ?
Je ne suis pas heureuse,

Te sentant loin de moi.
Et, pourtant, tu me suis,
Le long des jours, des nuits
Je ne pense qu'à toi.

Est-ce que tu m'aimes chéri ?
Un soir, je voudrais bien
Que tu m'appelles ainsi,
Bien serrée sur ton sein.

Comment puis-je te dire
Combien est mon bonheur ?
Mais essayes de lire
Dans mon tout petit cœur.

Tout ce qu'il y a d'écrit
De tendre, de doux, d'aimant.
Il ne dit que ceci :
Oh ! mon adoré
Je t'aime tant !
Que tu es « trop aimé »

Nouveau bonheur

*D'une vieille maison
C'est un bien beau château
Où tout y est très beau.*

*Des pièces bien closes,
De grandes fenêtres
Et de très belles choses.*

*Rien n'est aussi beau
Qu'un tout petit sourire
Ou bien qu'un léger rire.*

*Chez un être aimé.
Rien n'est aussi doux
Qu'un amour un peu fou.*

*Dans un cadre heureux,
De tendres caresses
Des baisers charmeurs,*

Rien ne me fait heureuse
Comme de vous savoir
Redevenu joyeux.

Rien n'est aussi beau
Qu'un baiser de vous.
Qu'un monde nouveau

S'ouvre devant mes yeux
Chéri, je voudrais
Vous savoir heureux.

Pays de rêves

Assise sous les fenêtres,
Parfois, j'aimerais ma vie
Dans un pays lointain,
Retirée de toute compagnie.
J'y pense très souvent.
Mais je voudrais, plus que cela ;
Je voudrais par moments,
Vivre au loin, là-bas,
Au pays des chimères
Pays que l'on dit bleu,
Sans malheur, sans misère,
Où tout le monde est joyeux.
Et là, j'ose espérer,
La musique pour le sommeil,
La peinture pour le manger.
Mon univers sera le soleil.
Si je pouvais y aller…
Je crois que j'y volerais
Sans jamais regarder,
Ce que la terre était.
Sur cette cité déserte
Comment seront les choses ?

Ma maison sera verte,
Avec des arbres roses.
Le sol y sera chaud,
Et le ciel, toujours bleu.
Mais ce serait trop beau
On serait trop heureux.
On aurait pour parterre,
Un vert et frêle gazon.
Savoir si cette terre
Existe à l'horizon ?
Il me faut espérer qu'un jour,
Loin des cris et du bruit,
J'y vivrai pour toujours
Le jour et même la nuit.

Rêverie

Visitez notre Brenne,
Découvrez cette Brenne.
A qui saura attendre
Pourra peut-être entendre
Euterpe dédiant ses mélodies
A quelques divinités.

En majeur,
En mineur
Harmonie,
Mélancolie.

Qui gardera l'espoir,
Pourra apercevoir
La très belle Terpsichore
Ou bien peut-être encore
A l'ombre des ramures
Auprès de l'onde pure
Vous pourrez y rêver,
Vous pourrez méditer
Avec ou sans magie
Guidés par Polymnie.

Mille projets

Je voudrais être silence
Pour être soumise à tes caresses
Et laisser vibrer tous mes sens
Dans cette éternelle jeunesse.

Je voudrais être langage
Pour te dévoiler
Sans ambages
Tout ce dont je voudrais te parler.

J'ai tant de projets
Que j'aimerais te confier…
Tu es si loin de moi !
Comment vivre sans toi ?

Je t'appelle sans fin.
J'espère toujours « demain ».
J'ai tant d'amour à donner,
Tu as tant d'amour à partager !

*Notre amour est si fort,
Qu'une étincelle a jailli
Pour embrasser nos corps
Tous les deux endormis.*

*Quel sens attribuer
A cet amour fou ?
Le secret de s'aimer
Précieux comme un bijou ;*

*Le plaisir de s'aimer
Dans cette union
Dans cette passion
En myriades de baisers.*

Un petit déjeuner

A-t-on jamais chanté
Le petit déjeuner ?
Moi, je vais le faire
Inutile de le taire,
Tous nos amis sont au courant,
Tous les matins, depuis…des ans
Le même rite
Nous habite.
Vous sentez l'arôme du café ?
La bonne odeur du pain grillé ?
Une heure au moins
Dure la plaisanterie.
Tous les deux, sans témoin,
Inutile d'en rire,
Nous buvons-nous mangeons,
Mais surtout, nous parlons.
Mais de quoi ? Direz-vous ?
Mais de rien… Mais de tout.
Crois-tu ? Nous aurions dû…
Peut-être aurions-nous pu…
Rappel du passé,
Pour l'un de citadin,

Pour l'autre de villageoise.
Réminiscences d'écoliers
Quelques feuilles de cahier,
Un dictionnaire, une ardoise,
Quelques comptes sont faits
Des dates retrouvées,
Les parents, les enfants,
Études et politique,
Tout est passé au crible.
La deuxième guerre évoquée,
Anecdotes indélébiles.
Le dernier livre raconté,
La journée d'hier critiquée,
Tout est remis en question
On aurait dû...On aurait pu.
Oui, tu as raison.
Et c'est ainsi chaque matin,
Depuis, mais je l'ai déjà dit,
Venez donc, un de ces matins,
Vous y partagerez
Notre petit déjeuner.

Grâce et merci

Merci,
Merci pour ces mots que tu dis
Merci, pour ces jolis mots écrits.
Merci !
Ce mot a-t-il un sens ?
Grâce !
Ce mot a-t-il un sens ?
Grâce et merci ;
Il me faut les redire encore
Pour tout ce que tu donnes.
Tu es aussi l'aurore,
Le matin, la perle de rosée.
Merci,
D'être le prince charmant
Venu sur son destrier blanc.
Merci,
D'avoir réveillé, non pas la belle endormie,
Mais seulement ta servante assoupie.

Merci,
Pour cette après-midi aussi ensoleillée,
Pour cette spiritualité partagée.
Merci
Pour tout ce que tu as échangé
Symphonie d'idées exprimées.
Merci,
D'être comme le Seigneur a voulu que tu sois
D'être comme le Seigneur a voulu que je sois.
Merci.

J'aimerais

J'aimerais m'endormir serrée entre tes bras.
J'aimerais te donner tout cet amour
Qui m'étouffe ici-bas.
J'aimerais te gâter et t'aimer.

J'attends avec impatience
Ton retour si tu le veux.
Et dans mon inconscience
Je rêve, je prie et fais le vœu

De t'aimer sans contrainte
De vivre dans cette éternité
Où plus rien ne retient.
Chéri, vite reviens. Je t'aime et je t'attends.
Vite, viens sur les ailes du vent.

Amour et bonheur

Peut-on laisser passer le bonheur ?
Oserait-on refuser
De partager
Ces douces heures ?

La braise était éteinte
Un seul souffle a suffi ;
Une étincelle, une étreinte
Et votre cœur est pris.

Vous ne savez plus où vous êtes,
Vous ne savez plus qui vous êtes ;
Le sol ne vous porte plus,
Votre âme est éperdue.

Qu'importe l'âge et la raison ;
Qu'importe le temps et les saisons ;
Votre cœur est en fête.
Le soleil illumine votre tête.

Vos yeux brillent de mille facettes.
L'amour

Vous entoure.
Il vous prend, il vous guette.

Laissez-vous emporter,
Laissez-vous cajoler.
Aimez, il est grand temps,
Gardez ce bonheur pour longtemps.

Donnez votre amour
Sans nul détour ;
C'est si bon de partager,
C'est si bon de donner.

Elfes et mots d'amour

Moi, je n'ai rien compris,
Les elfes sont entrés et ont investi
Tout le jardin magique.
Là, ils m'ont susurré
Les mots que j'attendais,
Aux tonalités mirifiques.

Non, je n'ai pas compris
Qu'il fallait être pris
Dans les filets d'Eros ;
Et qu'il était encore temps
De croire à la volupté des mots.
Oui, il est encore temps.
Moi, je n'avais pas compris
Que le cœur n'a pas d'âge.
Qu'il bat, et s'émeut

Et oublie d'être sage.
Moi, je n'avais pas compris,
Mais, les elfes m'ont appris
Qu'il faut se laisser aimer
Sans restriction,
Sans contre façon.
Qu'il faut donner l'amour
Dans ce jardin magique
Sublime et magnifique.

Rêves et souvenirs

Quelques rêves,
Beaucoup de souvenirs,
La vie s'écoule sans trêve
Entre pleurs et sourires
Passion d'écrire, dessiner,
Passion de vouloir tout savoir,
Passion de croquer la vie à pleines dents.
Passion de toujours trop aimer ;
Et pour finir, n'avoir
Que ses yeux pour pleurer
Et s'écoule le temps.

Absence

Plus de conversations
A deux,
Plus de divagations
A deux,
Essayer de meubler
Ces terribles silences.
Essayer de combler
Cette pénible absence.

Plus de conversations
A deux.
Plus de dissertations
A deux
S'obliger, espérer ;
Ne plus penser
Surtout ne pas rêver.
Plus jamais de projets
Plus de conversations
A deux.
Plus d'imagination
Pour deux.
Le fil s'est cassé.

Pourquoi s'est-il brisé ?
J'aurais tellement aimé
Te sauver, te garder.
Plus de conversations
A deux.
Plus de méditation
A deux.
Apaise mon désespoir,
Viens quelques fois me voir
Et garderai l'espoir
Un jour de te revoir
Et nous converserons
A deux
Et nous communierons
A deux.

Ouragan d'amour

Sur une cascade de mots doux,
Dans une tempête de caresses,
Nos corps se préparent à cette tendresse,
Qui nous emporte dans cet amour fou.
Le vent de la passion nous entraîne ;
Plus rien ne compte : « que nous ».
Non bras se serrent, se mêlent
Nos lèvres s'entrouvrent et jouent.
Les éclairs de Cupidon
Ont transpercé nos âmes.
D'ouragan en typhon,
Nous voguons sur les lames.
Dans cette mousson,
Nos cœurs s'affolent.
Qu'importe l'orage : « Nous nous aimons ».
Et nos mains batifolent.

Courir vers l'amour

Je ne peux plus attendre,
Je dois partir vers toi.
Je vais courir, courir
Sur la route,
Comme la biche aux abois,
Sans nul doute,
Je ne peux plus attendre.
Sous mes semelles
Ont poussé des ailes
Pour te rejoindre plus vite.
Me vois-tu mon amour ?
Je cours, je cours,
Mon cœur bat et s'agite.
Puis, je t'aperçois ;
Tu t'arrêtes
Je suis prête
A me pendre à ton cou.
Enfin, tu es là.
C'est l'amour fou.
Merci d'être là.

Minuit

Eh ! oui, il est minuit.
Impossible d'échapper
A l'heure fatidique
Où les mots mirifiques
Viennent se pelotonner
Au creux de mon épaule.
S'ils m'étaient murmurés,
J'aurais bien préféré.
Mais ils sont inventés.
J'ai repris mon tapis
Et me suis envolée.
J'ai serré dans ma main
Tous ces mots que je tiens.
J'ai vu des paysages
Au-delà des nuages.
J'ai survolé les mers,
J'ai laissé la misère.
J'ai demandé à Dieu
Gardez-moi, voulez-vous ?
Mais il faut être choisi.

*Il faut attendre son tour
Pour aller près de Lui.
Il me faut dire merci,
Pour les mots qu'il m'envoie,
Car c'est vrai que je rêve,
La nuit et même le jour.
Seigneur, veillez sur nous toujours,
Donnez-nous la sagesse,
La foi et l'espérance.
Et pour tous ceux que j'aime
Apportez-leur la chance,
L'amour et la tendresse.
Vous qui êtes bonté,
Vous qui êtes occupé,
Je vous ai dérangé
Avec ce poème.
Pardon d'avoir osé
Vous parler, vous prier.
Merci de m'avoir écoutée.*

Sur les ailes d'Éole

Le vent a caressé mon cœur,
Chez toi, vite il t'apportera
Ces mots cachés, cet amour-là.
Garde près de toi l'enchanteur.

N'est-ce point ici le bonheur
D'avoir séduit avec aura ?
Éole s'est fait le colporteur
De celle qui t'aime et t'aimera.

Il a arraché en douceur
Tous mes désirs, qu'il partagera ;
Tes lèvres, il les inondera
Du parfum d'amour ; grand seigneur,
Le vent a caressé mon cœur.

Le grillon

Qu'ai-je donc rencontré
Près de la cheminée ?
Un beau et noir grillon.
Que viens-tu faire ici
Au cœur de ma maison ?
Tu viens bien un peu tard
M'apporter le bonheur ;
Ce n'est ni le jour, ni l'heure ;
Ici, c'est la douleur,
La tristesse et les pleurs.
Ce n'est point par hasard
S'il est venu ce matin,
Je l'ai pris dans ma main,
J'ai compris le message
Au-delà d'une image ;
Mon mari,
Mon ami,
Compagnon d'une vie
Las de lutter, tu es parti.
Long était le chemin
Pour quitter cette terre,
Long était le chemin,
Pour retrouver les tiens,
Christ et Notre Père.

Tu m'as abandonnée,
Je suis désemparée.
Il ne me reste rien
Qu'un instant de prière,
Un appel étouffé
Un cœur écartelé
Un sourire estompé,
Car la peine s'est cachée.

Il ne me reste rien
Qu'un grillon dans la main

Mon berger

*Des jours, des mois
Que tu m'as quittée.
J'essaye bien de meubler
Cette terrible absence ;
Ma vie n'a plus de sens,
Même si je triche avec moi,
Même si je joue à rire,
Au fond de moi, je pleure.
Je n'ai plus rien à dire.
Comment vivre sans toi ?
Où est le bonheur ?
Il semble que tu l'as trouvé,
Que tu es apaisé,
Car tu ne viens pas souvent
Et pourtant, je t'attends.
Fais-moi un signe,
Je te parle, je t'appelle,
Seulement tu n'es pas là.
Je dissimule mes larmes
Et tiens à rester digne
De ce très grand amour
Qu'il y eut entre nous.*

Il ne me reste plus d'arme
Pour me battre.
J'ai perdu mon berger,
J'ai perdu mon doux pâtre.
Vais-je m'égarer ?
Je t'ai tellement aimé !
J'ai besoin de donner,
Mais tu es parti.

J'ai besoin de t'aimer
Mais tu n'es plus ici.

Lune et nuit

J'ai reçu cette nuit,
De cet astre lunaire,
Un appel, un éclair.
J'ai repris mon tapis
Et suis partie
Sans bruit.
Sous la voûte céleste,
Sans demander mon reste,
Je me suis installée
Sur le pied de la lune ;
Et par le vent bercé,
Dans la hune,
J'ai vainement attendu.
Un moment, j'ai bien cru
Les échos de ta voix
Entendre près de moi.
Mirage,
Nuage.
Dans la brume des cieux,
Dans la brume des yeux,
J'ai regagné la rive
De cet affreux présent
Qui me retient captive
Et s'écoule le temps.

Éternité

Je sais que tu es parti.
J'espère que rien n'est fini.
Je te cherche, en vain,
Je t'espère, en vain.

Je t'aime, mon chéri.
Même loin de moi.
Dieu t'a rappelé à Lui
Il a fait son choix.

Peut-être, es-tu très loin,
Là-bas, au Paradis
Près de tes tous chéris.
Je sais que tu es heureux,
Tu as retrouvé la foi.
Pense à moi
Quelques fois.
J'ai besoin de courage
Pour me mettre à l'ouvrage.
Je t'aime,
Je t'aime
Oh ! oui
Pour l'éternité
Au delà de la vie.

Noces d'or

C'est la fête chez nos amis,
Ils célèbrent leurs Noces d'Or.
Ils nous ont tous réunis
Pour partager ce pacte d'or.

Quelques présents, nos meilleurs vœux,
Notre amitié qui leur est accordée
Depuis…tellement d'années.
Et du bonheur pour tous les deux.

Cinquante ans de vie commune,
Unis pour le meilleur et pour le pire
Bonne ou mauvaise fortune,
Mille et un souvenirs.

Qu'ils restent longtemps unis.
Qu'ils soient très protégés,
Qu'ils vivent en harmonie
Cette belle odyssée.

Seigneur, veillez sur eux,
Partageons cette fraternité,
Ici et dans les cieux.

Seigneur, laissez-nous les aimer
Seigneur, laissez-nous vous aimer.

Rendez-vous au jardin

Jardin de rêve, de volupté, de délices,
Terrestre, céleste ou biblique,
Dame nature, nous protège en son sein.
Tracé en moderne ou en ancien,
Laisse-nous te conter toute la symbolique
De la fiancée, l'épouse, la bien aimée.
Au gré des lunaisons, l'artiste tisse,
Croise et sème, harmonie de création.
Métaphore visuelle de la Vierge en Gloire.
Tu es associé à n'importe quelle histoire.
Tu mêles le lys et la rose parfumés
Emblème de pureté de virginité.
Chéri, allons-nous promener au jardin,
Et main dans la main nous imaginerons
Notre vie future, en somme notre destin.
Et nous nous aimerons dessous les frondaisons.
Est-ce que tu sais chéri, l'amour que j'ai pour toi ?
J'aimerais me noyer dans les larmes de tes yeux,
Je voudrais boire l'eau et me désaltérer
A la source de tes lèvres, la plus pure pour moi.
Serrée entre tes bras, le ciel est toujours bleu.
Nous sommes libérés, les soucis effacés.
Veux-tu me dire encore ces mots que tu connais,
Que toi seul sais conter, toi seul sais déclamer

Ces mots d'amour profonds, dont jamais je ne me lasse.
Et je dirai encore comme l'oiseau qui passe
Que sans toi, rien n'existe, seuls nous deux pour la vie.
Dans ce jardin d'Eden, d'autres avant nous s'aimèrent.
Nous aussi cueillons la rose à peine éclose
Ce n'est qu'une illusion, car la rose repose
Depuis nombre d'années, elle est même éphémère.
Qu'importe la raison, seule reste la passion.
Passion d'être enlacés, Passion de trop s'aimer.
Que ferons-nous demain, si le ciel devient gris ?
Peux-tu me dire encore, ne te fais pas de soucis,
Il nous reste pour longtemps, la fougue et l'émotion.
Nous contemplons l'oiseau, son envol si léger.
Nous rêvons d'accomplir mille projets d'invention.
Est-ce toujours censé, ce qu'aujourd'hui l'on fait?
Est-ce bien mesuré d'être aussi passionnés ?
Nous pourrions nous promener dans les allées,
Admirer les magnifiques arbres fruitiers.
Regarde comme le verger est bien ordonné
Comme des soldats de plomb, la main bien inspirée
Les a tous alignés, pour l'ultime inspection.
Nous sommes au printemps, l'oiseau a fait son nid.
La mésange s'active, sont nés les oisillons.
Les arbres s'illuminent, les grappes sont fleuries.
Le papillon de sa chrysalide est sorti ;
Il vole et butine de pétale en pétale.
D'or et d'argent, ses ailes brillent au soleil

La pâquerette et la violette s'installent
Une abeille frivole butine et s'émerveille
De trouver dès l'aurore le nectar en obole.
Bras dessus, bras dessous, nos doigts se serrent.
Ne pas troubler la nature alentour
Et pourtant se confier, notre profond amour.
Cette complicité, en tous lieux, en tout temps.
Une pensée, une idée, je l'avais en même temps.
Le baiser que tu donnes était très attendu.
Ton souffle sur ma nuque, me voici éperdue.
Notre pas accordé, notre cœur balancé
Au gré de nos élans, au gré de nos pulsions.
Des massifs d'Aubriétias, des crocus çà et là
Jonquilles et narcisses, les jasmins palissés
Festonnent les pelouses de coloris irisés.
Les bourgeons des tilleuls éclatent de joie.
Les tulipes vernissées nimbées de myosotis
Se parent de mille teintes tentatrices ;
Jaunes, rouges, grenat, toutes elles chatoient
Et attirent en leur cœur le gros bourdon velu.
Ivre de suc et de pollen, il nous joue l'impromptu.
Chéri, l'écharpe de brume nous enveloppe,
Reprenons le chemin, allons sur le coteau.
Nous ferons une halte dans la cour du château
Près du puits légendaire au parfum d'héliotrope.
Et tout en cheminant, nous pourrons admirer
Les gloriettes et les charmilles, où s'accrochent

Les clématites, glycines, aristoloches.
Il nous faut apprécier les plantes médicinales :
Le thym, l'hysope, la sauge officinale,
La menthe, la mélisse, leurs rivales.
La consoude, le muguet, le tussilage,
La benoîte ou la chicorée sauvage.
Paradis promis, paradis de verdure,
Félicité d'un moment, félicité future.
Régal des yeux, du printemps à l'été,
Régal des cœurs, paradis de s'aimer.
Saurons-nous cultiver notre jardin d'amour ?
Saurons-nous retrouver ce parfum de tendresse ?
Quand viendra l'heure de la grande détresse ?
Quand sonnera le glas de la séparation ?
Ne pensons point demain, car notre vocation
Est de nous aimer, de nous laisser séduire.
Gardons l'instant présent et cette chance inouïe
De pouvoir partager, cet immense plaisir.
Nos cœurs sont agités par cette mélodie.
Nos yeux illuminés par tant de symphonie.

Poème écrit pour un concours organisé par le château de Talcy dans le Loir-et-Cher

L'être aimé

*Il est la terre et le ciel,
Il est le jour et la nuit,
Il est votre arc-en-ciel,
Il est le silence et le bruit.*

*On voudrait tout donner,
Ne jamais refuser,
Communier en pensées,
Se blottir et s'aimer.*

*On donnerait sa vie,
Pour ce nouveau messie,
On pleurerait de joie,
Puisqu'il est votre Roi.*

*Si l'amour vous entoure,
L'air est tout parfumé,
Si l'amour vous parcourt,
Tout est illuminé.*

Votre cœur s'emplit
D'une étrange mélodie,
Il bat, il va casser,
Il fait mal à crier.

Lorsque vous le voyez,
Tout votre corps vibre
Pas une seule fibre,
Ne reste inanimée.

Vous voudriez danser
Sur un rythme endiablé
Vous voudriez clamer
Que vous êtes aimée !

Les arbres sont en fête,
Ils sont couronnés d'or,
Ils se sont mis en quête
D'un tout nouveau décor.

L'amour n'est jamais sage,
Il ne connaît pas l'âge,
Il ignore les saisons.
Il ignore la raison.